LA
FRANC-MAÇONNERIE CONTEMPORAINE

MASSOL

PAR

ADRIEN DESPREZ

PARIS
CHEZ L'AUTEUR
A LA PHOTOGRAPHIE DE LA FRANC-MAÇONNERIE FRANÇAISE
3, rue de la Grande-Truanderie prolongée, 3

1865

Gustave Lecharpentier, phot.

MASSOL

MASSOL

❦

Si nous écrivons la vie des hommes qui se trouvent actuellement à la tête de la Franc-Maçonnerie, c'est pour chercher à connaître leurs idées, plus encore que leurs aventures ; c'est pour leur demander par quelles évolutions successives leur esprit est arrivé à la conviction des doctrines qu'ils soutiennent ; c'est pour juger du degré de confiance que nous devons accorder à leurs paroles. La place que Massol occupe actuellement dans la Franc-Maçonnerie, le retentissement de ses doctrines, l'autorité légitime accordée à sa parole et l'importance de la Loge qu'il dirige, non moins que son rôle dans le Conseil de l'Ordre, nous ont engagé à commencer par lui la série de biographies que nous entreprenons aujourd'hui.

Massol est né à Beziers (Hérault), le 18 mars 1806. Dans les conseils de son père, dans les leçons de sa mère, dans les enseignements même de ses professeurs (puisqu'il fit sa sixième sous Raspail), il puisa ces convictions républicaines, qui ne firent que grandir et se fortifier dans son âme à mesure qu'il acquit une plus grande connaissance des hommes et des événements. Reçu bachelier à quinze ans, il entra comme professeur dans le pensionnat tenu par son père, pensionnat toléré seulement à cause de ses opinions bien connues. Là s'écoulèrent dix années de sa vie, années fécondes et qu'il employa à acquérir cette instruction que l'homme doit se donner lui-même au sortir du collége, sous peine de rester toujours ignorant et superficiel.

Quand même il n'eût pas trouvé en lui-même un goût très-vif pour la lecture, l'activité intellectuelle qui régnait dans la jeunesse de cette époque eût suffi pour le pousser aux études sérieuses. Une fermentation générale agitait tous les esprits; la politique, la littérature, la philosophie, les passionnaient alors bien plus que ne le font aujourd'hui les spéculations et les entreprises industrielles. L'apparition du *Globe,* rédigé par Guizot, Jouffroy, Pierre Leroux, la querelle des classiques et des romantiques, venaient activer ce mouvement et fortifier l'opposition faite à la Restauration. Inutile de demander si Massol entra dans le camp libéral; un détail très-curieux que nous tenons de sa bouche nous fera mieux connaître ses opinions. Dans la querelle du romantisme et du classicisme, il se décida pour le premier, comme représentant ce sentiment de l'indépendance individuelle qui commençait à se faire jour dans le passé comme dans le présent, dans l'histoire comme dans la littérature. La question religieuse s'était aussi présentée à lui, comme elle vient à tout homme qui commence à réfléchir, se posant comme le sphinx antique et lui disant : Devine-moi ou je te dévore. Un livre de Voltaire, tombé entre ses mains, avait arraché les faibles racines du catholicisme entré dans son âme au jour de sa première communion, et l'avait laissé plongé dans le déisme vague de Rousseau. Mais une circonstance vint lui montrer la nécessité des convictions nettes et arrêtées. Parmi les compagnons avec lesquels il discutait chaque jour, se trouvait un constructeur de navires, représentant de l'école de la sensation, et qui ne voulait d'autres bases à la morale que l'intérêt bien entendu ; Massol, au contraire, prétendait la subordonner au devoir. Le constructeur de navires était fort logicien, beaucoup plus âgé que lui et sachant davantage ; Massol se sentait souvent réduit au silence, mais non vaincu. Pendant trois ans, il lut tous les livres possibles pour trouver des arguments en faveur de sa thèse ; à la fin, il fut obligé de reconnaître l'impuissance de la métaphysique, et c'est ce qui le rangea dans les rangs de cette école philosophique qui a fait, avec tant de logique et de raison, de la morale une science spéciale et indépendante. On peut juger si de semblables études et de si nobles distractions laissaient place aux folies qui sont la triste gloire de la jeunesse d'aujourd'hui.

Sur ces entrefaites arriva la révolution de 1830 depuis longtemps prévue ; grande mais courte fut la joie du parti républicain, qui perdait un roi pour en retrouver un autre. Massol venait d'arriver à Paris avec toute sa famille pour y étudier la profession d'avocat, quand survint un événement qui influa sur toute sa vie et décida de son avenir. Se promenant un jour dans le passage Choiseul, il rencontra un de ses amis qui se rendait à une séance des Saints-Simoniens. Cette secte ne lui était point inconnue ; au lendemain de cette révolution, aussi anti-monarchique qu'anti-cléricale, il avait, non sans étonnement, vu sur tous les murs des affiches faisant un appel religieux à la concorde et à la paix universelle. Malgré sa défiance pour une société qui affichait des opinions anti-révolutionnaires, il se laissa entraîner dans une salle, où il entendit un orateur prendre pour thèse la justification des jésuites. La chose lui parut monstrueuse, surtout au lendemain des journées de juillet ; mais, à côté de cela, certaines grandes idées le retenaient et l'attiraient d'autant plus qu'elles répondaient à ses pensées et à ses secrètes préoccupations. A côté de ces formules théocratiques et mystiques, l'école saint-simonnienne se proposait un but capable de séduire tous les esprits généreux : c'était l'abolition du prolétariat, l'élévation de la femme, la solidarité universelle, la glorification du travail, etc. Aussi après avoir hésité quelque temps, il se décida à entrer dans la Société, à la tête de laquelle se trouvaient Enfantin et Bazard.

Voici de quelle manière se fit son initiation : deux membres du collége le conduisirent dans une chambre, où ils lui lurent une lettre écrite à l'un d'eux, puis ils le congédièrent en lui disant de réfléchir sur ce qu'il venait d'entendre. Cette lettre lui bouleversa l'esprit ; elle s'éloignait tellement des idées reçues, qu'il lui fut impossible au premier abord d'y rien comprendre. Elle fit naître en lui des pensées de défiance sur les hommes et sur le but poursuivi, sa conscience révolutionnaire en fut alarmée : de plus en plus cette Société se présentait à lui comme une annexe de celle des Jésuites, et n'en différant que par la forme. Cette lettre, qu'il ne lui fut donné de comprendre que longtemps après, marquait simplement la révolution opérée dans la doctrine de saint Simon, qui de politique devenait religieuse. Enfantin s'y posait hardiment en révélateur, comme réunissant en lui Moïse, Jésus-Christ et Mahomet, et appelé à continuer leur œuvre. Massol hésita longtemps ; les explications qu'on lui donna ne le satisfirent qu'à moitié ; mais, séduit par le côté économique et social du Saint-Simonisme, il se décida à y entrer, convaincu que le temps ferait justice tôt ou tard de ce qu'il y avait de bizarre dans cette doctrine.

De semblables réunions avaient lieu en province, et des envoyés de Paris allaient chaque jour leur communiquer les instructions et la ligne de conduite de la société. Quelques jours après l'insurrection de Lyon, Massol fut envoyé pour fonder dans cette ville un centre saint-simonnien. A son retour il trouva le père Enfantin retiré à Ménilmontant. Les rigueurs de l'autorité, le manque de fonds, et une scission survenue entre Enfantin et Bazard sur la grave question de la morale et de la femme avaient en partie dissout la société. La retraite de Bazard ôta au saint-simonnien ce qu'il avait de politique, pour lui laisser un cachet entièrement religieux, et les disciples restés fidèles au père Enfantin, groupés autour de lui, se préparèrent par une vie de travail et de recueillement aux travaux de la propagande ouvrière.

Après quatre mois de cette vie cénobitique, un premier départ eut lieu et fut dirigé sur Lyon. Les missionnaires étaient au nombre de quatre, parmi lesquels Tajan-Rogé avec lequel Massol est toujours resté lié. Ils arrivèrent à Lyon sans ressources et cherchèrent un emploi manuel pour gagner leur vie. Massol entra chez un forgeron, où il avait deux francs par jour pour tourner une roue pendant quatorze heures. Son ami se fit terrassier, les autres s'employèrent à d'autres fonctions manuelles. Le jour était consacré au travail, le soir et les fêtes à la propagande que favorisait la singularité du costume. C'est ainsi qu'ils firent leur tour de France, toujours travaillant, toujours prêchant. Massol poussa même son excursion jusqu'en Allemagne avec un de ses frères, ils voulaient aller par cette voie en Orient. Mais leur passage avait fait une si grande impression sur la jeunesse allemande, qu'à Augsbourg ils furent arrêtés et ramenés aux frontières de France.

De Strasbourg, après une propagande active auprès des jeunes polytechniciens de l'artillerie, Massol se rendit à Lyon, et de là à Marseille. Il y retrouva son ami Tajan-Rogé, qui venait d'embarquer un groupe de Saint-Simonniens pour l'Egypte, où se trouvait alors Enfantin. Ce dernier, après avoir subi une prison de six mois pour quelques articles sur la morale publiés dans le *Globe*, s'était rendu dans ce pays pour tâcher d'obtenir de Méhémet-Ali le percement de l'isthme de Suez. Ce projet n'était que la déduction pratique de sa pensée religieuse; il ne voulait pas seulement ouvrir un canal au commerce, mais unir l'Orient à l'Occident. De Marseille, Massol et son ami résolurent d'aller prêcher leur doctrine à Alger; mais, n'étant pas plus riches l'un que l'autre, ils s'adressèrent hardiment au préfet maritime de Toulon, qui leur accorda de bonne grâce et sans hésiter le passage gratuit sur un navire. Mais il fallait l'assentiment du capitaine. Celui-ci se montra d'abord féroce; mais il finit par leur accorder la nourriture, mais seulement celle des matelots. Ils n'en demandaient pas davantage; n'étaient-ils pas prolétaires, eux-aussi. La propagande ne leur fut pas permise sur la terre d'Afrique; il leur fallut donc revenir en France; ils revinrent à Paris par Toulouse et le centre, le sac sur le dos, et demandant au travail le pain de chaque jour. Là, ils trouvèrent une lettre du Père Enfantin, qui les appelait en Egypte. Ils s'y rendirent aussitôt, et furent reçus à Alexandrie par M. de Lesseps, alors attaché au Consulat. Comme la peste sévissait à Alexandrie, ils se rendirent au Caire, où ils trouvèrent le Père Enfantin, qu'ils n'avaient pas vu depuis longtemps. Celui-ci n'avait pas réussi dans sa tentative du percement de l'isthme de Suez; mais il avait obtenu de faire, en attendant, le barrage du Nil. Il avait pu ainsi occuper la plupart de ses compagnons amenés avec lui ; les autres s'étaient placés dans les écoles, protégés par Soliman-Pacha (l'ancien colonel Sèves, de Lyon), qui, après Waterloo, s'était rendu en Egypte et était devenu le premier général de ce pays. Lambert, depuis bey, venu avec Enfantin, avait fondé une Ecole Polytechnique. La peste, grandissant à Alexandrie, remonta le Nil et envahit le Caire. Massol se trouvait sans place. Enfantin lui offrit de l'accompagner dans le voyage qu'il allait faire au milieu du désert arabique avec Lambert-Bey, chargé par le pacha de découvrir des mines de charbon. L'expédition dura six mois. Toutes les montagnes furent explorées ; mais cette exploration fut sans résultat quant au charbon de terre. Enfantin était resté à Thèbes. A leur retour, un grand changement avait eu lieu dans la situation de la Société, qui venait de perdre toute puissance et tout crédit à la suite d'une de ces intrigues si fréquentes dans les cours despotiques. Le barrage du Nil était abandonné, et la direction des écoles avait été confiée à d'autres mains. Le Père Enfantin, réunissant alors ses disciples, leur déclara que leur œuvre collective était finie, qu'il fallait se disperser, et que chacun devait prendre la voie qu'il lui plairait, qu'on se réunirait plus tard.

Si cette expérience de plusieurs années avait été inutile à la fortune de Massol, elle avait été très-profitable à son esprit et avait hâté ses progrès vers la recherche de la vérité. Il en sortit désabusé, non de la doctrine Saint-Simonienne quant aux grands horizons qu'elle avait ouverts et qui étaient la déduction sociale des principes de la Révolution, mais de l'organisation politico-théocratique, contre laquelle, du reste, il avait toujours protesté au fond du cœur. De là aussi la critique de toute doctrine, qui fait reposer la Société sur une donnée théologique ou métaphysique. Il ne conserva donc qu'un attachement plus profond aux grands principes qui l'y avaient attiré, et la conviction plus enracinée de l'indépendance nécessaire à la morale, renouant ainsi définitivement sa vie virile à sa jeunesse, élargie toutefois des vues générales du Saint-Simonisme.

La dispersion des nouveaux apôtres se fit bientôt : les uns retournèrent en France, d'autres restèrent en Egypte, quelques-uns poussèrent jusqu'en Abyssinie. Massol, avec son ami Tajan-Rogé, visita la Syrie, les îles de l'Archipel, Constantinople, puis revint en France par la mer Noire et le Danube. Après un court séjour à Paris, il se rendit à Londres, où il dirigea le journal : *l'Observateur français,* créé pour combattre le *Courrier d'Europe,* qui était aux gages de Louis-Philippe. Il vint à Paris après la révolution de 1848, au mois de mars, porteur de l'adresse des républicains de Londres. De retour dans cette ville, l'*Observateur français,* n'ayant plus de raison d'être, disparut. Massol rentra à Paris au mois d'octobre. Quelque temps après, il fit la connaissance de Lamennais, qui le fit entrer à la *Réforme,* dont il était le directeur. Ce journal soutenu par le dévouement des ouvriers typographes, et qui depuis longtemps n'avait plus sa raison d'être, étant tombé, Massol écrivit avec Proudhon dans la *Voix du Peuple,* auquel le coup d'Etat de 1851 vint bientôt donner la mort. Dès ce jour, il sentit que tout rôle politique lui était devenu impossible. Aussi, rentrant dans la vie civile, il demanda à l'industrie une indépendance qui lui permit de continuer ses recherches de la vérité et la solution du problème moral qu'il s'était posé dès ses jeunes années (1).

Nous ne parlerons pas de sa vie maçonnique. Elle est connue de tous. Initié fort

---

(1) Le lecteur peut consulter, pour cette curieuse période de la vie de Massol, les articles intéressants qu'il a publiés dans le *Monde Maçonnique,* sur Saint-Simon et sa doctrine. C'est là, en partie, que nous avons puisé les documents pour composer cette courte notice.

jeune à cette institution, il n'y rentra que longtemps après, emporté, comme nous venons de le voir, par le mouvement Saint-Simonien et par les préoccupations politiques.

Tous savent quelle vaste question a été posée par la Loge *Renaissance*, dont il est depuis deux ans Vénérable : la question de la *Morale indépendante*. Tous savent quel mouvement cette Loge, aidée de quelques autres, a imprimé à la Maçonnerie tout entière. Traitée pendant deux ans, cette question est sortie du sein maçonnique et a surgi dans la presse périodique. La systématisation de la morale indépendante paraît à Massol l'œuvre capitale de ce siècle. « C'est, selon lui, l'aboutissant final de tous les efforts scientifiques depuis le mouvement de la Renaissance, et le seul moyen de coordonner l'éducation laïque, cette garantie du suffrage universel, coordination impossible tant qu'on restera dans la donnée théologique ou métaphysique. »

Ces conférences avaient déjà mis en lumière

le nom de Massol, quand une circonstance vint le rendre populaire dans la Maçonnerie entière. Nommé rapporteur dans le Convent de 1863, pour défendre les intérêts de la Maçonnerie, et s'opposer à la loi qui voulait la mettre sous la tutelle de l'Etat, en la faisant reconnaître comme établissement d'utilité publique, il le fit avec cette énergie qu'il déploie quand une de ses convictions est en jeu, et rangea toute l'assemblée à son opinion (1). Désigné naturellement au suffrage des électeurs, il fut nommé membre du Conseil de l'Ordre, où il a continué de soutenir ses principes et de poursuivre la réalisation de ses idées.

Si la Maçonnerie n'a pas pour lui l'importance de la secte Saint-Simonienne, elle a du moins l'avantage d'être un terrain ami où il peut continuer l'apostolat, œuvre de toute

---

(1) Voir les curieux détails de cette affaire dans la biographie d'André Rousselle, qui seul dans le Conseil de l'Ordre protesta contre cette reconnaissance, et s'en alla dans toutes les Loges signaler le péril que courait la Maçonnerie.

sa vie. Cette Société d'ailleurs ne contient-elle pas en germe toutes les grandes idées de perfectionnement ? Ne tend-elle pas sans cesse vers cette grande unité qui doit relier un jour tous les peuples, elle qui admet dans son sein tous ceux qui s'y présentent, sans distinction de caste ou de nationalité ? Ne proclame-t-elle pas l'indépendance absolue de la morale et la souveraineté indiscutable de la conscience, elle qui ne s'enquiert ni de la conviction religieuse, ni de la foi politique de ses membres, mais leur recommande seulement de faire le bien ?

Dans la Maçonnerie, Massol est aujourd'hui l'un des hommes dont la voix est la plus écoutée, dont l'influence est la plus sérieuse. Plutôt philosophe qu'homme d'action, il reste sur le terrain de la doctrine, et entreprend des réformes bien plus dans les esprits que dans les institutions (1). Sans doute on peut ne

---

(1) Massol était l'ami intime de Proudhon, dont il est un des exécuteurs testamentaires. Tout le monde se souvient du remarquable discours qu'il a prononcé sur sa tombe.

pas admettre ses idées, qui sont pourtant celles d'une école philosophique très-estimée, à la tête de laquelle se trouve M. Vacherot, mais on ne saurait récuser son autorité en semblable matière. Pour nous, renfermés dans notre rôle d'historien, nous n'avons pas à nous prononcer ici; mais nous croyons que le lecteur sera comme nous, et qu'il ne pourra se défendre d'une profonde sympathie et d'une grande estime pour l'homme qui a passé sa vie à chercher la vérité et à la répandre, au lieu de courir, comme tant d'autres, après la fortune.

Allez le voir au milieu de ses frères, racontant, comme les philosophes antiques, ses excursions à la recherche de la sagesse. Si on l'écoute, c'est parce qu'il a souffert et étudié longtemps, et qu'il a été mêlé avec tous les hommes qui dans ce siècle ont remué tant d'idées. L'expérience lui a appris que la marche du progrès est lente et non soudaine et précipitée comme le voudraient les esprits généreux, qu'il doit se faire dans les esprits avant de passer dans les mœurs, car l'homme est un grand enfant à qui il faut souvent redire les mêmes choses avant qu'il puisse les retenir et les comprendre. L'histoire lui a apporté la conviction que la liberté seule est féconde, l'égalité seule juste, la fraternité seule civilisatrice, et que c'est en leur nom que se sont faits tous les progrès, depuis l'abolition des sacrifices humains jusqu'à la Révolution de 1789, et que si bien des gens ne voient dans ces trois mots qu'une formule vide et sonore, les esprits sérieux savent qu'ils renferment l'avenir de l'humanité.

Dieppe. — Ém. DELEVOYE, Imprimeur.

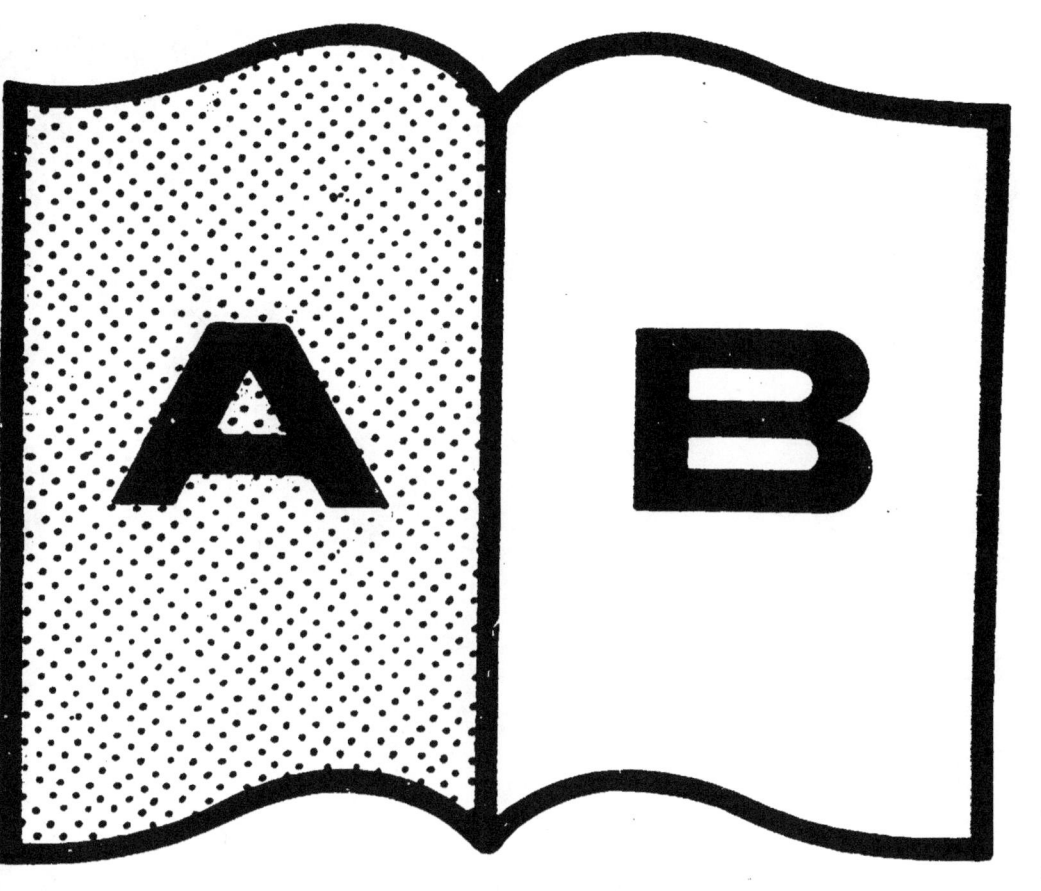

Contraste insuffisant

NF Z 43-120-14